ExLibris

Der Kleine TaschenFreund

ISBN 978-3-649-61060-1

Textsammlung: Kai König
Textsatz: Internetlitho

Printed in China

www.coppenrath.de

Für Helden am Herd

Mit Illustrationen
von Thorsten Saleina

COPPENRATH

Inhalt

Mit List zur Liste

von Thomas Göthel

Mann, wer bist du? – Ein Jäger, und kein Sammler.

Das hat gar nichts mit der Frage zu tun, ob du an den Herd gehörst. Das tust du nämlich genauso viel und genauso wenig wie die andere Hälfte der Menschheit. Doch was hilft die beste Einsicht, wenn zwischen ihr und der Tat eine Hürde steht, die eine XX-Chromosomenträgerin gar nicht als solche wahrnimmt, die für einen XY-Phänotyp hingegen wie eine gigantische Sperranlage wirkt? Es handelt sich um jenen Fetzen Papier, der für eine Frau eine locker-lässige Inspirationsquelle, für einen Mann hingegen ein Dokument puren Grauens darstellt: die Einkaufsliste.

Man muss sich das einmal vorstellen: Es gibt im deutschen Einzelhandel tatsächlich Papierrollen mit nichts drauf. So eine materialisierte Leere mag im Hirn einer Frau irgendwelche bis heute nicht näher erforschte Prozesse in Gang setzen. Bisweilen kann ich dies sogar bei meiner eigenen besseren Hälfte beobachten: Zunächst kritzelt sie vier, fünf Worte, vorzugsweise in Suaheli oder in einer mittelassyrischen Keilschrift, auf den ominösen Zettel. Ich weiß nicht wie, aber damit kann sie dann tatsächlich stundenlang einkaufen. Kommt sie zurück, sind zehn Einkaufstüten zum Bersten voll, und ich muss den Drittkühlschrank anstellen.

Gehe *ich* mit einer solchen Liste zum Einkaufen, kann ich erst mal gar nichts lesen. Ich stehe hilflos im Supermarkt, zücke mein Handy und rufe meine Frau im Büro an. Die lüftet souverän alle graphologischen Geheimnisse, was ich sehr bewundere. Weniger schätze ich den unvermeidli-

chen Kommentar über männliche Intelligenz (die sie natürlich in Abrede stellt) sowie das Hinzufügen von zehn weiteren Lebensmitteln. Panisch notiere ich die mittlerweile 15 Einzelposten und begebe mich in die Schlacht vor den Regalen.
Da ich grundsätzlich in einem Supermarkt nur die Hälfte der Produkte finde, gehe ich für 15 Sachen in drei Märkte. Danach fehlen mir rechnerisch immer noch 1,875 Posten. Die melde ich resigniert als vermisst und streiche sie vom Speiseplan. Versuche ich dann mit den ergatterten Lebensmitteln zu kochen, komme ich gerade einmal bis zum Zwiebelhacken. Suche ich das Öl im Vorratsschrank, um die Dinger zu rösten, fällt mir auf, dass auch meine Frau nicht unfehlbar ist. Den Anruf im Büro allerdings erspare ich mir, da ich die Antwort eh schon kenne: „Ist doch klar, dass man bei Zwiebeln auch immer ans Öl denkt!" Die Paarungen lassen sich x-beliebig fortsetzen: Für Frauen scheint Petersilie auf magische

Weise mit Ölsardinen, Zucker mit Sauerampfer und Toastbrot mit naturtrübem Apfel-Direktsaft verbunden zu sein. Bei 20.000 Produkten eines mittleren Supermarktes ergibt das 10.000 Paarungen, die ein weibliches Hirn ganz intuitiv beherrscht, für die ein männliches hingegen ein paar Jährchen pauken müsste, um sie alle nachzubeten.

Ich bezweifle nicht, dass es Männer guten Willens gibt, die bereit sind, diese Herausforderung anzunehmen. Doch versucht einmal, von euren Partnerinnen die Lernvorlage zu bekommen! Da blickt ihr aber in Abgründe! Denn wenn heute Äpfel mit Backpulver kombiniert sind, sind sie es morgen schon mit fettreduziertem Fruchtjoghurt eines exakt festgelegten Ablaufdatums. Nach einigen Jahren werdet ihr feststellen, dass das weibliche Hirn grundsätzlich alles mit allem kombinieren kann, wodurch die Möglichkeiten mal eben auf knapp 200 Millionen ansteigen.

Paukt ein männliches Hirn pro Tag 20 Kombinationen, benötigt es 27.396 Jahre, um das weibliche Einkaufsverhalten zu berechnen. Was mich daran stört, ist nicht die Tatsache, dass wir dann längst tot sind (das ist angesichts der Lernqualen ein eher tröstlicher Gedanke). Nein, ärgerlich ist die Überflüssigkeit der ganzen Aktion.
Denn glaubt mir, liebe Mitmänner, es geht auch anders. Wir brauchen nicht mit unseren beschränkten, weil rationalen Mitteln Einkaufslisten zu erstellen. Frauen kommen auf den Kram, weil sie Sammlerinnen sind. Sie sehen mit ihren seit Jahrtausenden spezialisierten Augen alles Mögliche und Unmögliche in ihrer Umgebung. Damit bekommen sie ihre Familien satt. Wir hingegen sind Jäger, heften uns über Stunden an ein Gnu und erlegen es, wenn es uns nicht vorher entwischt. Damit kriegen wir unser Rudel ebenfalls satt. Dennoch glauben wir der weiblichen Propaganda, dass unsere Methode die schlechtere sei.

Es hat mich viele leidvolle Jahre gekostet, bis ich endlich den Mut aufbrachte, nach meiner eigenen, männlichen Natur einzukaufen. Will ich heute beispielsweise ein Zandergericht zubereiten, schreibe ich nicht die 15 benötigten Zutaten auf. Das hätte eh keinen Sinn. Ich notiere einfach nur *Zander*. Sonst nichts. Dann gehe ich zu Giuseppe, meinem Fischhändler, und frage, ob er welchen hat. Verneint er, wird heute eben „gefastet" und ich kaufe beim Konditor drei ganze Torten.
Hat Giuseppe aber Zander, kaufe ich den größten. Wer so ein unverschämtes Jagdglück hat, benötigt keine weiteren Beilagen. Ich fühle mich frei und spiele meine Stärken voll aus: Entweder ich finde nun doch noch ausreichend Zutaten in meiner Vorratshaltung, oder ich improvisiere: „Mädels, wir nehmen den Fisch und den Grill und fahren zum See!" Unterwegs kaufen wir noch, was uns gerade über den Weg läuft, und wenn der Zander fertig ist, haben wir plötzlich ganz viele Freunde.

Wie gut, dass ich einen so großen Fisch gejagt habe!
Dieses Vorgehen empfiehlt sich freilich nur bei gutem Wetter. Regnet es, kooperiere ich mit Frau Hufnagel. Die wohnt im zweiten Stock und hat mit ihren 96 Jahren irgendwie den besten Zeitpunkt für den Absprung ins Altenheim verpasst. Aktuell läuft sie mit Stock und ohne Steigung 28,5 Meter pro Stunde und hat von 100 Tassen gewiss noch 23 im Schrank. Diese Parameter bringen es mit sich, dass sie täglich zwischen neun und zwölf zum Bäcker unterwegs ist. Glück für mich, denn so kann ich den Einkaufszettel meiner geschätzten Partnerin nehmen, auf die Straße laufen und Frau Hufnagel meinen Arm anbieten. Während der nächsten halbe Stunde freut sie sich mit wenigen, dafür endlos wiederholten Worten über die Hilfsbereitschaft des „feschen jungen Mannes“. Und schon bin ich an der Reihe: Ich trage ihr nach und nach die Posten auf meiner Liste vor.

Zuverlässig stimuliere ich damit das Einkaufszentrum ihres Denkapparates und Frau Hufnagel reagiert auf „Lauch“, „Dosentomaten“ oder „Hundefutter“ mit „Pinienkerne“, „Frischkäse“ und „Blätterteig“.

Ihr glaubt mir nicht? Dann überzeugt euch doch selbst! Täglich zwischen neun und zwölf bei mir in der Straße auf dem Weg zum Bäcker. Ihr werdet sehen, Wackler hat Frau Hufnagel eigentlich nur bei Produkten wie Sambal Oelek, handgepflücktem Urwaldpfeffer oder kalt gepresstem Hanföl, aber sonst liegt die Erfolgsquote bei satten 90 Prozent. Sogar bei *Doornkaat*, *Cinzano* und *Jägermeister* arbeitet ihr Oberstübchen mit beachtlicher Routine.

Kochen ist
eine Kunst geworden,
eine hohe Wissenschaft.
Köche sind Gentlemen.

Robert Burton

Ketchup

Die Eltern sind schuld

von Jess Jochimsen

Ich koche und ich esse. Beides eher notgedrungen. Beides wurde mir mehr schlecht als recht beigebracht, und so ist es nun eben: Ich bin kein besonderer Esser und ein dementsprechender Koch. Mein Verhältnis zum Kochen ist gespalten, wenn nicht gar gestört. Zum Essen auch. Und schuld sind meine Eltern.
Die Eltern sind – wie man weiß – ohnehin an so ziemlich allem schuld, aber meine sind besonders schuld. Gerade was Kochen und Essen angeht.
Meine Mutter konnte zwar kochen, tat es aber nicht – aus politisch-emanzipatorischen Gründen, man schrieb die 70er Jahre. Mein Vater konnte *nicht* kochen, tat es aber leidenschaftlich, aus den-

selben Gründen. Meine Eltern waren 68er, und obwohl man das damals noch gar nicht so nannte, war das ausgesprochen hart für mich. Regelrechte Hardcore-Hippies waren sie, mit Flokati auf dem Kopf, Che Guevara in der Küche und Frank Zappa auf dem Klo. Und *Mama* und *Papa* hatte ich ja nicht, ich musste immer Eberhard und Renate sagen …

Kulinarisch war meine Kindheit ein Fiasko: Gestillt wurde ich, bis ich acht war, und dann gab's Körner. Dass ich überhaupt gewachsen bin, darf getrost als Wunder bezeichnet werden. Es handelte sich im Übrigen um Körner, die sich heute in keinem Laden dieser Republik mehr auf legalem Wege erwerben lassen. Garniert wurden diese Verdauungsbremsen mit allerlei Farnen und Moosen, von denen auch nur meine Eltern meinten, dass sie überhaupt essbar waren. Das Grünzeug war selbstredend im eigenen Garten angebaut und ungespritzt. (Wobei, das hätte man gar nicht spritzen brauchen, da wäre kein Schädling der Welt freiwillig rangegangen.)

Alsdann zermanschte der Eberhard, der laut Kochplan immer an der Reihe war, das Ganze in einem hölzernen Bottich und verrührte den bizarren Sud in rituellen, kreisenden Bewegungen. Linksdrehend.

Gesalzen wurde nicht. O nein, kein Salz, in den Salinen beutete die herrschende Klasse schließlich die Arbeiter aus, und der Eberhard und die Renate wollten da *ein Stückweit schon auch* ein Zeichen setzen. Curry gab es ebenso wenig, handelte es sich dabei doch um ein Produkt des englischen Imperialismus. Ketchup war aus antiamerikanischen Gründen vollkommen ausgeschlossen. *Ketchup? No way!* Die Renate wetterte in ihrer unnachahmlichen Diktion: *„Man tunkt seine Pommes nicht in das Blut von Vietnam!"*

Pfeffer hatten die Herrenmenschen auf den Kreuzzügen geraubt, neulich erst, kam also auch

nicht auf den Tisch. Man kann sagen, dass meiner Kindheit ein bisschen die Würze gefehlt hat.
Die Suppe jedoch musste ich auslöffeln. Das war ein typischer Erziehungswiderspruch meiner Eltern: antiautoritär kochen, aber aufessen müssen. Natürlich wehrte ich mich mit Händen und Füßen, allein der Eberhard und die Renate verfügten über sämtliche didaktischen Aufesstricks. Als ob man eine Wahl gehabt hätte, tunkten sie den Löffel in die Pampe und säuselten etwas von *„komm, noch einen Happen für den Opa"* und zack, schon bekam ich mit dem Zeug den Mund gestopft. Dabei hatte ich überhaupt keinen Opa, aber es gab schlicht und ergreifend keine zwei Meinungen: *„Ein Happen für den Onkel, ein Happen für die Oma …"*
Wie oft wünschte ich mir, dass in der Verwandtschaft möglichst bald wieder jemand sterben möge.
Wenn es aber absolut ungenießbar wurde und ich mich partout weigerte, auch nur einen Bissen run-

terzuwürgen, griffen meine sonst so toleranten Eltern doch mal in die Knüppelkiste teutonischer Pädagogik:
„Wenn du das nicht aufisst, gibt es morgen schlechtes Wetter!"
Mein Gott, diese Verantwortung! Ich entschuldige mich hier in aller Form für so manch verregneten Sommer in den 70er und 80er Jahren. Aber ich hab es einfach nicht runtergebracht, dafür gewann der Begriff „Hungerstreik", der in den Gesprächen der Erwachsenen so oft fiel, für mich schon sehr früh an Bedeutung.

Das mag ausreichen, um das komplexbehaftete Thema Kochen und Essen in meinem Leben erschöpfend zu skizzieren.
Heute, da ich erwachsen bin und selber einen kleinen Sohn habe, mache ich natürlich alles anders und besser. Ach was – nichts mache ich besser, sondern die gleichen Fehler, nur anders. Ich merk-

te es an jenem Herbsttag, an dem mein Sohn und sein bester Kumpel alleine bei uns zu Hause waren und wohl Hunger bekamen … Irgendwann klingelte mein Handy, ich nahm ab und vernahm ein gellendes Pfeifen sowie die Stimme meines Sprosses, der wissen wollte, wie man den blöden Rauchmelder ausmache. Sehr beruhigender Anruf; im Geiste sah ich bereits unser Heim abbrennen, zumindest aber die Feuerwehr anrücken, doch die Jungs hatten nur versucht, Brot zu backen, was zu Rauchentwicklung und zum Auslösen des Alarms geführt hatte.
Der Rauchmelder, der sich in für Kinder unerreichbarer Höhe an der Decke befindet, wurde letztlich von meinem Sohn mit einem Besenstiel – für immer – zum Schweigen gebracht und alles ging gut aus. Doch immerhin weiß er jetzt, dass nicht aus jedem nach eigenem Gutdünken zusammengepanschten Mehl-Wasser-Hefe-Klumpen ein Brot wird, vor allem dann

nicht, wenn man ihn statt in den Backofen in die Pfanne tut!
Aus gegebenem Anlass (und ich verstehe das durchaus auch als Therapie) besuchen wir mittlerweile einen Vater-Sohn-Kochkurs und machen Fortschritte.
Oscar Wilde hat einmal geschrieben: „Anfangs lieben Kinder ihre Eltern; wenn sie älter werden, halten sie Gericht über sie; manchmal verzeihen sie ihnen."
Ich bin guter Hoffnung.

Kottbusser Lamm

von Wladimir Kaminer

„Dumm gelaufen, die Schlacht im Teutoburger Wald. Hätten die Barbaren damals die Römer nicht verprügelt, wäre in Deutschland einiges anders gelaufen und das deutsche Essen heute um einiges leckerer", sinnierte mein Freund Alik. „Vor allem hätten wir hier eine viel feinere Kuche: Risotto statt Klopse, guten Rotwein, optimistische Volksmusik, und alle Nachrichtensprecher wären Blondinen mit Locken und großem Busen! Aber sie mussten ja die Römer verjagen aus ihrem tollen Wald, und was haben sie nun davon? Döner Kebap!", hob Alik den Zeigefinger.
Eigentlich hatte mein Freund nicht ganz Unrecht, irgendjemand musste aber bei dieser Diskussion auch den Standpunkt der Barbaren verteidigen.

Immerhin kämpften sie gegen eine fremde Besatzung für ihre Unabhängigkeit.
„Ich mag Klopse!“, sagte ich deswegen. „Und du kennst doch die deutsche Küche kaum. Pinkelwurst, Spinatauflauf, Eintopf, Zweitopf ... Und mit optimistischer Volksmusik ist Deutschland geradezu verstopft, davon gibt es hier einen Riesenhaufen: Marianne und Michael und wie sie alle heißen. Du wärst doch als Erster vor dieser Musik in den Wald gelaufen, sei also dankbar, und Hände weg von der deutschen Kultur, die so unaufdringlich ist.“
Unsere kulinarische Diskussion brach bei der Vorbereitung einer internationalen Grillparty aus. Die deutschen Kollegen waren für die Technik zuständig, sie sollten Kohlebriketts besorgen und die Grillanlage montieren. Wir hatten vor, unsere Freunde mit selbst gemachtem Lammspieß zu beeindrucken. Dabei hatte sich Alik gleich zu Anfang als der letzte wahre Lammspießer unseres

Planeten aufgespielt. Meine Hilfe nahm der große Meister trotzdem gern in Anspruch, um sich während der Arbeit nicht zu langweilen. Nun saßen wir im Stau auf dem Weg nach Kreuzberg fest, und ich hörte mir seine Lektion über die Bedeutung des Lammspießes in der Entwicklung der Weltgeschichte an.

„Viele unterschiedliche Kulturen haben sich an diesem Gericht versucht, und alle sind gescheitert. Es reicht nicht nur, das Rezept zu kennen, viel wichtiger ist die Erfahrung. Nur Armenier, die in Baku aufgewachsen sind, können es richtig, weil dort jeder Tag am Spieß beginnt und am Spieß endet."

Ich glaubte Alik sofort, schließlich war er selbst ein Armenier, noch dazu aus Baku, und wusste also, wovon er sprach.

„Das Wichtigste sind die Zutaten", klärte er mich auf. „Wir brauchen das richtige Lamm. Und das gibt es nur, so hat es sich historisch ergeben, an den Gemüseständen des Kottbusser Damm."

Bei uns im Osten sind hauptsächlich die vietnamesischen Händler für das Gemüse zuständig. Sie sind fleißig, höflich und diskret. Man kann sich keinen Vietnamesen vorstellen, der unbekannten Fußgängern „Fünf Kilo Bananen für einen Euro!“ ins Ohr schreit. Die vietnamesischen Verkäufer sitzen ruhig auf ihren Klappstühlen neben dem Gemüse, das sich quasi von alleine verkauft. Wenn es dunkel wird, klappen sie ihre Stühle zusammen und gehen nach Hause, TV-Hanoi gucken, statt aus der Dunkelheit „Alles billig, Rest umsonst!“ zu brüllen. Die Tomaten in ihren Läden sind oft besser als anderswo, aber Lammfleisch, das gibt es nur am Kottbusser Damm!

Der türkische Verkäufer blickte uns misstrauisch an, als Alik seinen Wunsch äußerte. „Drei obere Teile des hinteren Fußes?“, wiederholte er in einwandfreiem Deutsch. „Hast du einen Witz gemacht? Wo kommt ihr eigentlich her, so schlau?“ Der Verkäufer sah mit seinem Schnurrbart und einer dicken Goldkette um den Hals wie ein Lammfleisch-Professor aus. Aber mein Freund war auch nicht ohne. Alik hatte einen Schnurrbart am ganzen Körper, darüber zwei fingerdicke Goldketten und ein goldenes Armband mit einer Uhr, so groß wie eine Teetasse.

„Wir sind aus Russland“, sagte er, „genau genommen aus der Sowjetunion.“

„He, hast du einen Witz gemacht?“, fragte ihn der Fleischer ungläubig. „Ich kenne die Russen gut, viele von denen wohnen in dieser Gegend. Russen sehen ganz anders aus. Ehrlich, gib zu, ihr seid Albaner!“

„Hast du einen Witz gemacht?“, konterte Alik. „Wir sind keine Albaner. Russland war früher groß!“ Alik zeigte mit seinen Händen, wie groß Russland früher war. Einige Büchsen mit bulgarischem Feta und Oliven fielen zu Boden. „Ein sehr großes Land, viele unterschiedliche Menschen mit verschiedenen Sprachen …“, dabei deutete Alik

mit den Fingern eine Installation an, die die komplizierte geopolitische Lage unserer alten Heimat wiedergeben sollte, noch mehr aber an ein doppeltes „Arschloch"-Zeichen erinnerte.
Der Fleischer schaute sich die Figur an und wurde nachdenklich. Meinem Freund gelang es offensichtlich, seine Akzeptanz zu gewinnen. Wir gingen gemeinsam an der Fleischtheke entlang. Alik lobte den Kollegen für die richtige Fleischhaltung, der Fleischer fing an zu prahlen: „Gestern brachte mir einer drei Lämmer", erzählte er, „ich habe alle drei nach Hause geschickt. Ich nehme nur Tiere, die nach Fleisch aussehen, aber davon gibt es immer weniger. Die drei von gestern sahen aus wie …" Der Fleischer suchte nach dem richtigen Wort und half sich mit den Händen: „Wie Kinderstreichelzoo!"
„O Mann! Nein, das kann nicht wahr sein!", schüttelte Alik den Kopf, er nahm die Sorgen des Fleischers sehr ernst.

Wir kauften die richtigen Oberteile, dazu noch jede Menge Zwiebeln, ägyptischen Pfeffer und frische Minze, obwohl der Verkäufer unser Vorhaben nicht verstehen wollte. „Brauchst keine Minze, einfach braten und essen!“, riet er.
„Jeder hat seine eigenen Rezepte“, erwiderte Alik diplomatisch. Abschließend redeten die beiden noch kurz über das richtige Zerhacken, wobei sich multikulturelle Abgründe auftaten. „So und nicht so“, hörte man von der Theke.
„So nicht!“
„Nein, so!“
„So und so!“
Der Fleischer bestand hartnäckig auf seine Art; er gestikulierte dabei so heftig mit dem Beil, dass mein Freund jede Sekunde um einen Kopf kürzer zu werden drohte, er gab aber trotzdem nicht auf. Der Fleischer wollte so wie immer, Alik wollte aber wie in einem armenischen Fleischladen in Baku 1979, und er bekam letzten Endes, was er wollte.

Ich legte drei richtig zerhackte Hinterbeine, also unser ganzes frisches Lamm vom Kottbusser Damm, in eine große Stofftasche mit drei verunglückten indischen Kosmonauten darauf, die trotz ihres Absturzes sehr optimistisch lächelten. Obendrauf packte ich noch den Rest und warf alles auf den Vordersitz eines Taxis. Alik und ich setzten uns nach hinten.

„Was riecht da so schön?“, fragte uns der Taxifahrer.

„Minze“, sagten wir.

„Oh, dieser wunderbare Geruch erinnert mich an meine Heimat!“, sagte er. „Ich komme aus einem Dorf in Ost-Anatolien, bei uns im Dorf waren überall diese Blätter! Sie machten die Luft süß, und wenn man zu lange Minze einatmete, konnte einem schwindlig werden.“

„Hört sich sehr romantisch an“, bemerkten wir.

„Es war auch romantisch“, nickte der Fahrer.

Wir standen schon wieder im Stau in der Nähe des Kottbusser Damms und kauten alle drei Minzblät-

ter. Aus den vorderen Wagen sprangen drei kahl rasierte Typen und liefen hintereinander her. Sie schrien laut, der eine kletterte auf einen BMW und fiel herunter, ein anderer gab daraufhin einen Schuss ab.
„Zivilbullen, Polizeirazzia", erklärte uns der Taxifahrer. „Ihr seid also Albaner? Wie hat es in eurer Heimat denn immer gerochen? Auch so gut?"
„Ja, so ähnlich", logen wir, kauten die Minze, schauten aus dem Fenster und überlegten, wie es bei uns wirklich gerochen hat.

Das Spiel ist das Ziel

von Thomas Göthel

Ich kenne mich da ja nicht aus. Aber es wird gesagt, dass Frauen beim Liebemachen an England denken.

Freilich kann ich mir vorstellen, dass es sich hierbei um eine ziemlich verengte Sicht der Dinge handelt. Wahrscheinlich können Frauen in Wahrheit auch an etwas ganz anderes denken. An die Uckermark zum Beispiel oder Burkina Faso. Doch was immer ihnen sinnvoll erscheinen mag, habe ich grundsätzliche Zweifel, ob wir Männer dieses Prinzip gewinnbringend übernehmen können.

Zum Glück verlangt das ja auch keiner. Selbst die bekannten Zentralorgane der Frauenbewegung verzichten auf die Forderung, wir Männer sollten

beim Sex an die Innere Mongolei oder die Antarktis denken. Das spricht für ein hohes Maß an emanzipatorischer Reife.
Ach, gäbe es diese Toleranz doch auch beim Kochen! Dieses Thema ist offensichtlich so heikel, dass die Geschlechter nicht frei über ihre unterschiedlichen Bedürfnisse am Herd reden können. Es wird wohl noch lange dauern, bis wir Männer uns zu sagen trauen: „Für dich mag es so am schönsten sein, Schatz. Aber ich möchte es einmal ganz anders probieren!" Noch erscheint es uns unvorstellbar, dass Frauen einmal aufhören könnten, uns Männern Vorschriften zu machen und uns einfach so kochen lassen, wie wir sind. Noch stehen wir einem unangefochtenen Meinungsmonopol gegenüber. Noch müssen wir in allen Kochbüchern und einschlägigen Zeitschriften lesen, dass Essen schmecken oder gesund sein soll, dass es dick oder dünn machen soll, dass es sättigen oder Eindruck schinden soll, dass es dieses soll

und jenes. Ja Himmelherrgott noch mal, was geht das uns Männer an? Was soll es bringen, wenn wir beim Kochen ans Essen oder an Timbuktu denken?
Liebe Damen dieses Planeten! Wenn ihr wollt, dass auch wir Männer kochen, und zwar richtig, jeden Tag, so wie ihr, und nicht nur, wenn Gäste kommen, dann gebt uns Freiheit! Verlangt nicht, dass wir dabei so absurde Dinge beherzigen wie Kalorientabellen, Nährwertformeln oder Zeitlimits. Bei der anderen Nebensache der Welt geht es doch auch: Ihr denkt, wir nicht. Und?
Wenn man einen Hund zum Spürhund ausbildet, redet man ja auch nicht pausenlos auf ihn ein, wie gefährlich Drogen sind. Kein Hund schnüffelt am Flughafen nach Marihuana, weil er daran denkt, wie schädlich THC für die Gehirnzellen ist. Für Pfiffi ist das ein lustiges Spiel, und dabei winkt ihm eine unmittelbare Belohnung. Im Hier und Jetzt, nicht in einer Stunde, wenn die Küchenuhr

klingelt. Liebe Frauen, wir überlassen euch den höheren Rang in der Evolution. Ihr könnt ihn haben. Nehmt den Siegerkranz zielgerichteten Kochens. Nehmt ihn huldvoll entgegen, hängt ihn in der Küche auf oder schmeißt ihn in die Suppe. Kocht doch, wie ihr wollt. Aber wir wollen unser Recht. Wir wollen der Hund sein.
Freilich, auch ein Mann könnte, wenn er wollte, feststellen: Kochen führt empirisch gesehen irgendwann einmal zum Essen. Aber was hat diese abstrakte Erkenntnis mit dem konkreten Handeln zu tun? Wir wissen doch auch: Flugreisen schaden dem Weltklima. – Und? Trotzdem verkaufen wir möglichst viele Airbusse nach China und fliegen von dem Erlös nach Mallorca. Das ist vielleicht nicht schön, aber so läuft es nun mal. Entsprechend tapfer blicken wir Männer auch einer anderen Tatsache ins Auge: Kochen um des Essens willen ist für uns eine schöne Utopie, aber von bloßen Theorien wird man nicht satt.

Unsere realistische Gegenposition lautet: Gebt dem Mann ein Spielzeug und er merkt gar nicht, wie hart er schuftet. Dieses höhere Ziel sollte selbst das weibliche Geschlecht zu der Einsicht bringen, dass ein Mann für die Zubereitung von Bratkartoffeln ein Messer aus Damaszenerstahl benötigt, das ein japanischer Meister in Europa bereits für schlappe tausend Euro anbietet. Diese Klingen sind dermaßen scharf, dass der Koch mit ihnen problemlos Seppuku begehen könnte, sollte die Bratkartoffelkruste am Ende um eine Nuance zu dunkel geraten. Das beruhigt ungemein. Nicht auszudenken, hätte sich ein Mann mit dem rostigen Blechschaber vom Grabbeltisch zu entleiben, mit dem seine geschätzte Partnerin immer das Gemüse schält.
Schon ist alles gut: Der kochende Mann fühlt sich eins mit seinem sündteuren Schneidewerkzeug. Er schleift noch einmal drei Stunden nach, bis das Messer, getrieben von seiner bloßen Schwerkraft,

widerstandsfrei durch einen Hokkaidokürbis gleitet. Dann schnibbelt er alles, was ihm in die Finger kommt, so lange klein, bis es seinen molekularen Urzustand wiedererlangt. So vorbereitet wird der Kochlöffel zum Zauberstab. Die Zeit erscheint nur noch wie das hohle Konzept eines längst überwundenen Wirklichkeitssinns. Alles fließt, alles ist Konzentration auf die tiefe Wahrheit des Seins. Es gibt nur noch die Hitze, den Koch, das Rühren, den Duft – die Bratkartoffeln. Schon ist das Mittagessen fertig. Manchmal sogar noch vor Eintritt der Dunkelheit!

Nur ein Kleingeist käme auf die Idee, im zeitlichen Ablauf dieser wahrlich eindrucksvollen Aktion nach Optimierungspotenzialen zu suchen. Freilich, es ist nicht auszuschließen, dass eine Frau Bratkartoffeln in einem kompakteren Zeitrahmen realisiert. Doch das hieße Äpfel mit Birnen zu vergleichen. Denn während das allzu geschäftige, zielgerichtete Treiben der Frau lediglich dazu dient, eine hungrige Meute satt zu bekommen, erzeugt das vom Mann zelebrierte Gesamtkunstwerk wesentlich Erhabeneres: Der Koch ist über Stunden eins mit sich und der Welt. Damit demonstriert er allen, die auf das Essen warten: Der Weg ist das Ziel. Im Yogakurs müsste frau für diese Erkenntnis eine saftige Gebühr entrichten und obendrein die unmöglichsten Verrenkungen machen. Lässt sie hingegen ihren Mann kochen, schützt sie sich über Stunden vor jeder Entfremdung durch das gnadenlos rationale Zeitmanagement unserer Tage. Sie kommt kostenlos zur Erleuchtung und ist hinterher auch noch satt. – Also, noch irgendwelche Beschwerden?

Abschiedsworte an Pellka

von Joachim Ringelnatz

Jetzt schlägt deine schlimmste Stunde,
du Ungleichrunde,
du Ausgekochte, du Zeitgeschälte,
du Vielgequälte,
du Gipfel meines Entzückens.
Jetzt kommt der Moment des Zerdrückens
mit der Gabel! – – Sei stark!
Ich will auch Butter und Salz und Quark
oder Kümmel, auch Leberwurst in dich stampfen.
Musst nicht so ängstlich dampfen.
Ich möchte dich doch noch einmal erfreun.
Soll ich Schnittlauch über dich streun?
Oder ist dir nach Hering zumut?

Du bist ein so rührend junges Blut. –
Deshalb schmeckst du besonders gut.
Wenn das auch egoistisch klingt,
so tröste dich damit, du wundervolle
Pellka, dass du eine Edelknolle
warst und dass dich ein Kenner verschlingt.

Die Drei-Teller-Suppe

von Thomas Göthel

Kennt ihr den Film „Blues Brothers“? Da startet Elwood Blues den Dodge Monaco Sedan zum Showdown-Rennen und sagt zu seinem Bruder Jake: „Es sind 106 Meilen nach Chicago. Wir haben genug Benzin im Tank, ’n halbes Päckchen Zigaretten, es ist dunkel, und wir tragen Sonnenbrillen.“ Das sind trotz der geballten Polizeikräfte des Staates Illinois, die sie um jeden Preis verhaften wollen, ideale Bedingungen, und Jake gibt das Startsignal: „Tritt drauf!“

Mir geht es manchmal ähnlich. Ich greife zum Küchenmesser und denke: „Es sind 45 Minuten bis zum Essen. Ich habe genug Fressalien im Kühlschrank, mein Lieblingssender dudelt, ich habe mal wieder keinen Plan, aber es wird schon werden. Los geht's!"

Was nun passiert, ist einmalig. Ich vergesse meinen Beruf, vergesse meine Termine und die anstehende Steuererklärung. Ich bin nicht mehr der, der ich war. In mir erwacht der Koch, das unbekannte Wesen.

Packt es mich auf diese Weise, fabriziere ich bevorzugt so etwas wie eine Kartoffelsuppe. Meine Älteste war bereits volljährig, als ihr klar wurde, dass Erdäpfel und nicht etwa Kaviar die Grundlage dieser dickflüssigen Brühe sind. Sie ordert bis auf den heutigen Tag immer drei Teller davon – das ist die kontinuierlichste Eigenschaft an dieser Schöpfung. Alles andere ist ähnlich flexibel wie die Prinzipien eines Politikers.

Heute finde ich für die Drei-Teller-Suppe Knoblauch, Schalotten, Ingwer, richtig gutes Curry, braunen Zucker, Ahornsirup, Sonnenblumen- und Erdnussöl (von gerösteten Nüssen). Für die

Substanz gibt es Kartoffeln, Möhren und Gemüsebrühe, und für das Finale Schmand, Muskatnuss, Manufaktur-Pfeffer und Koriander. Jetzt drapiere ich die Zutaten wie Trophäen auf der Arbeitsfläche, damit ich nichts vergesse, wenn die Schlacht im Kochtopf tobt. Und ja, ich bin auch stolz, dass ich dem Dschungel des deutschen Einzelhandels wieder etwas Essbares entrissen habe.

So stehen sie vor mir, die Zutaten fürs erste Anschwitzen. Sie erinnern mich an eine kleine Armee aus Zinnsoldaten. Fast zu schade, um im Topf zu landen. Ich gewähre ihnen noch eine kurze Gnadenfrist und lasse sie zuschauen, wie ich nach dem Mörser greife und den passenden Pfeffer suche.

Genau! Nicht irgendwelche schwarzen Kugeln mit Schärfesimulation, und schon gar keine gemahlenen. Gott behüte! Da könnte ich ja gleich den Bofrostmann rufen. Nein, diesem Gewächs begegne ich mit größtem Respekt. Derzeit befinden sich drei verschiedene Exklusivsorten in meinem Schrank, und das ist nur ein Bruchteil dessen, was Clemens, mein hochgeschätzter Wein- und Kaffeehändler, im Regal stehen hat. Clemens kennt sie alle und könnte über jede Art eine mehrbändige Dokumentation verfassen. Kaufe ich 90 Gramm, doziert er darüber bis drei Stunden nach Ladenschluss. Dann sagt er, letztlich sei doch alles Geschmackssache und man müsse den richtigen Einsatz der tropischen Kügelchen selbst herausfinden. Also experimentiere ich nach Herzenslust.

Natürlich ist es Quatsch, für ein bestimmtes Gericht nach der passenden Pfeffersorte zu suchen. Aber Spaß macht es trotzdem: Nase hier rein, Nase dort rein, hmm … Das bringt mich für die anstehende Zeremonie so richtig in Fahrt.

Auf dem einen Säckchen steht *Nè bianco nè nero di Sarawak*, und sein dunkelbraun-gescheckter Inhalt umschmeichelt mich wie Kümmelbrot auf einem Bergbauernhof. Aber mir ist's nicht nach Klettern, und schon ist die Nase im *Nero di Sarawak*. Sofort bin ich im Tal, und es umströmt mich ein Duft von Heu und Wildkräutern. Ich schnappe ein Pfefferkorn und zerkaue es genüsslicher als jede Praline. Die verhaltene Schärfe lässt noch viel Platz für einen Anflug Lavendel, der meine Gedanken in die Provence trägt. Doch nichts da, so wird das Essen nie fertig, und ich probiere *Oro di Sarawak*. Der ist exotisch und schillernd, meine Assoziationen flitzen von Papaya zu Panna Cotta, von Räucherstäbchen zu Runkelrüben, von Zimt zu Ziegenmilch und von Lorbeer zu Lotterleben. Das ist für diesen kühlen, bis jetzt noch etwas drögen Tag genau das Richtige, der kapriziöse Duft aus dem Säckchen lässt einen Höhepunkt erahnen, auf den sich die Bereitung der heutigen Drei-Teller-Suppe zubewegen könnte. Ich sage bewusst *könnte*, denn sicher ist bei der Drei-Teller-Suppe gar nichts.

Der *Oro di Sarawak* wird knackend und knisternd klein gestoßen, die Dosierung ist großzügig, aber nicht übertrieben. Weiter im Krebsgang hacke ich den Koriander klein, dann wird die Brühe aufgesetzt. Das Gemüse ist nach gefühlten zwanzig Sekunden geschält und in Stücke geschnitten, dann geht es den Schalotten an den Kragen. Muss ich erwähnen, dass Knoblauch nicht in die Presse gehört, sondern mit einem asiatischen Gemüsebeil gekonnt zerlegt und dann mit Salz zu einer sahnigen Creme verrieben wird? Kurz darauf lasse ich den Ingwer über die Klinge springen und er zerfällt in seine Einzelteile.

Jetzt den Gasherd an. Wenn ein Tropfen Wasser auf dem Topfboden zischt, kommt schön viel Öl hinein, Ingwer, Curry und Schalotten dazu, der Knoblauch folgt eine Minute später (er darf auf keinen Fall zu heiß werden). Jetzt braunen Zucker dran, alles leicht karamellisieren lassen. Sodann fliegt das Gemüse in die heiße, klebrige Masse, wird darin gewälzt und beinahe angebraten, und weil Kinder mitessen, lasse ich noch etwas kanadischen Ahornsirup dazutröpfeln. Haben die Kids gestern Broccoli oder Zucchini verschmäht, ist dies der Moment der stillen Rache: einfach alles hinein! Als Nächstes wird das Gemisch zischend mit der heißen Brühe übergossen, dann etwas salzen und anschließend zwei Artikel im Feuilleton der „ZEIT" lesen.

Schon sind die Kartoffeln gar und bereit für den Stabmixer. Ich habe zu diesem Gerät ein ähnliches Verhältnis wie zur Glotze: eigentlich indiskutabel, doch im konkreten Einzelfall oft die letzte Rettung. Ja, ich weiß, ihr Schuhbecks und Lafers dieser Welt, es gibt auch dezente Stampfer, es gibt Siebe und Säcke zum Passieren und natürlich auch die Möglichkeit, das Gemüse ganz zu lassen. Doch das ist ähnlich theoretisch wie die Möglichkeit, dass eine Dreizehnjährige *Plusminus* statt *Topmodel* guckt. Was zählt, ist die Tatsache, dass ich drei Töchter habe und jede bei einem anderen Gemüse „igitt“ schreit. Also verwische ich die optischen Spuren der verhassten Ingredienzien mit dem magischen Rührgerät, geschmacklich kommen sie mir eh nicht auf die Schliche.

Kurz vor dem Ende füge ich noch einen Becher Schmand hinzu. Während ich meine Kohldampf-Kandidaten zum Essen rufe, reibe ich ein paar Millimeter Muskatnuss in die Suppe. „Tisch decken, aber flott“ – begleitet von dieser freundlichen Anregung rutscht der Koriander in die nicht mehr köchelnde Flüssigkeit. „Wer schneidet das Baguette auf?“ – das ist der Soundtrack, der den Pfeffer in die dünnbreiige Speise begleitet, dann träufle ich noch etwas Sesamöl hinein und salze ein letztes Mal und wie immer nach Gefühl. Abschmecken gibt es nicht. Wo bliebe denn sonst der Reiz? Erst am Tisch erfahre ich, was diesmal bei der Drei-Teller-Suppe rausgekommen ist. Es ist, als hätte ein Anderer gekocht. Und ein klein wenig ist es ja auch so.

Vernasche mich mit der 126

von Stefan Pinnow

„Koch für mich!“, hatte sie oben drüber geschrieben. Darunter: „Verführ mich mit der 47“, „Tisch mir die 71 auf“, dann „Dünste mich mit der 96“ und „Danach vernasche mich mit der 126“.
Meine Frau hat mir ein Kochbuch geschenkt, *Love and Cook. Kochbuch für Verliebte*, und auf die dritte Seite diese Sätze geschrieben.
„Du findest, dass ich nicht gut koche?“, frage ich.
„Nein! So meinte ich das nicht!“
„Ach, du findest also, dass ich gar nicht kochen kann?“
„Quatsch. Einfach so. Damit du mal nur für uns zwei kochst. Macht doch Spaß.“

„Ich kann doch ganz gut kochen. Du liebst meine Nudelpfanne, sagst du immer. Und meine Kartoffelsuppe findest du die beste auf der Welt."
„Aber wir können doch nicht immer nur Nudeln und Kartoffeln essen. Und außerdem", sie neigt ihren Kopf ein wenig zur Seite, zieht die rechte Augenbraue hoch und haucht: „Männer, die kochen, finde ich sexy."
Warum hat sie das nicht ins Buch geschrieben?
Also gut. Mit der 47 soll ich sie verführen. Auf Seite 47 steht: *Betörendes Rinderfilet mit liebevoll karamellisierter Ananas in Salatherzen und einer zärtlichen Orangen-Minz-Butter.*
Aha. So funktioniert das also. Man nehme einfach ein paar Rezepte, vermische das Ganze mit einigen Wörtern, die mehr oder weniger mit Liebe zu tun haben – und verkauft das alles dann als Kochbuch für Verliebte. Aber weiter im Text. Ich lese die Zutatenliste. Fast überall steht dahinter „wirkt aphrodisierend", oder „hier werden nicht nur die

Geschmacksnerven angeregt". Am Ende des Rezeptes lese ich tatsächlich: „Hinweis für Allergiker: Dieses Gericht ist gluten-, aber nicht jugendfrei!"
„Schatz, haben wir Minze?", rufe ich aus der Küche.
„Nein", ruft meine Frau zurück.
„Haben wir Pinienkerne?"
„Nein!"
„Rosmarinzweige?"
„Nein. Mach doch was anderes."
Gut. Mach ich was anderes. Und zwar erstmal einkaufen. *Tisch mir die 71 auf*, hatte sie noch geschrieben.
In süßem Speckmantel gebratene Möhren mit herzförmig geschnittenen Kartoffelscheiben und Rosenblütenblättern.
Ich muss mir das Rezept fünfmal durchlesen, bis ich es kapiere. Auf meinem Einkaufszettel steht unter anderem: fest kochende Kartoffeln (das krieg ich hin), Butterschmalz (zur Not kaufe ich

Butter und Schmalz und mische beides), Rosenblütenblätter (zum Glück ist heute Markt) und 8 dünne Scheiben Pancetta, ein Speck aus Italien (ok, ich gehe also nicht zu Aldi, sondern gleich in die Karstadt-Feinkostabteilung und vorher zum Geldautomaten).

Etwa zwei Stunden später bin ich wieder zu Hause. Es ist inzwischen 19.00 Uhr. Dummerweise habe ich das große Netz mit den Kartoffeln zuerst gekauft, weshalb meine Arme sich anfühlen, als würden sie bis zu den Kniekehlen reichen. Anfängerfehler. Die Rosenblütenblätter habe ich auf dem Markt bekommen, allerdings musste ich mehr kaufen, als ich eigentlich brauche – die Menge müsste für die nächsten 15 Jahre reichen. Dafür habe ich eine einzelne Zitrone bekommen. Allerdings hat die Marktfrau mich angeguckt, als sollte sie mir radioaktiv verseuchtes Gemüse zum halben Preis verkaufen, nur weil ich sie gefragt habe, ob ihre

Zitronen unbehandelt sind. Um es wieder gut zu machen, habe ich noch ein Netz unbehandelte Orangen mitgenommen.
Mit den insgesamt vier Kilo Orangen und Kartoffeln in der linken und rechten Hand stellte ich mich dann im Supermarkt an die Wursttheke und bestellte den Pancetta.
„Den geräucherten, oder den luftgetrockneten? Den aus der Toskana, oder den aus Umbrien? Mit Salbei, mit Rosmarin, oder den mit der scharfen Paprika?"
Als hätte sie mir die 1-Million-Euro Frage auf ukrainisch gestellt, guckte ich die Fleischereifachverkäuferin an und sagte dann schnell:
„Den letzten."
Nachdem ich endlich wieder zuhause bin, lege ich mir das Buch zurecht, will mit dem Zubereiten beginnen und komme genau bis Schritt 1.
„Ich muss noch mal kurz weg", stöhne ich. „Man soll die Kartoffeln aushöhlen, mit einem Apfel-

entkerner. Keiner da", brumme ich, und verlasse die Wohnung.
Um 20.00 Uhr bin ich wieder da und lege sofort los. Ich schneide Zwiebeln und fange an zu weinen. Ich dünste, ich gare, ich schmore. Ich lösche ab, ich gieße ab, ich schmecke ab. Während die Möhren im Topf anschwitzen, schwitze ich in der Küche, so dass ich mich bis auf die Unterwäsche aus- und nur die Schürze wieder anziehe.
Um 21.30 Uhr sind das Gericht und ich völlig fertig. Meine Frau, die den Tisch gedeckt, Kerzen aufgestellt und Servietten gefaltet hat, jubelt: „Wunderbar, Schatz, das schmeckt sagenhaft."
Wir heben unsere Weingläser, schauen uns tief in die Augen und sie säuselt: „Jetzt noch den Nachtisch. Die 126!".
Ich schlage das Kochbuch auf und lese:
Errötete Jungfrau: Romantisch heiße Himbeeren in süßem Mantel aus Vanillesahne mit exotisch-erotischem Champagner-Gelee.

„Bis wir das fertig haben, geht die Sonne wieder auf", sage ich.
Meine Frau lächelt nur geheimnisvoll, steht auf und verschwindet in der Küche. „Wenn du was naschen willst …", haucht sie verführerisch, als sie zurückkommt, und hält mir … zwei Schälchen mit der Nachspeise entgegen: „Ist schon fertig!"

ON
OFF

Die Espresso-Pistoleros

von Thomas Göthel

Rom. Piazza Navona. An einer Kaffeebar, irgendwann in den 80ern. Ich bestelle einen *caffè* und zahle mit dem einzigen Zahlungsmittel, das dieser Offenbarung gleichkommt: dem legendären 1.000-Lire-Schein.

Es gibt Dinge von solcher Vollkommenheit, dass sie einen ein Leben lang nicht mehr loslassen. Sie beschreiben das ästhetische Nonplusultra, das Maß allen weiteren Strebens. In diesem konkreten Fall wird sich die Sehnsucht freilich nie mehr ganz stillen lassen. Denn seit der genialste Geldschein aller Zeiten, dieser knautschig-verkrumpfelte Minilappen mit dem Abbild Maria Montessoris darauf, dem gänzlich inspirationsfreien 50-Cent-Stück weichen musste, ist das Gesamtkunstwerk italienischen Espressogenusses einer seiner charmantesten Komponenten beraubt. Da kann die *Crema* noch so perfekt sein, der Duft noch so betörend, der *Barista* noch so cool und die *Ragazza* nebenan noch so verführerisch – seit man uns das *pagamento* mit *mille lire* genommen hat, kehre ich stets mit einem gewissen Gefühl innerer Leere ins regnerische Reich nördlich der Alpen zurück.

Den anderen käsegesichtigen Banausen in Flipflops und Bermudashorts muss es ähnlich gehen. Ganz offensichtlich wittern sie in diesem Schlag gegen die italienische Hochkultur eine Chance: Auch der teutonische Ingenieursgeist sieht sich nun offensichtlich in der Lage und berufen, einen perfekten *caffè* zu bereiten. In der Manier von Wirtschaftsspionen analysieren seither deutsche Männer die Ingredienzien des italienischen Espressos. Sie entdecken Säuren, Koffein, Zucker und Proteine, sie extrahieren Öle und Kolloide und bestimmen die Pflanzenzellen, die in der Suspension schwimmen. Haben sie das Getränk selbst bis ins letzte Detail dechiffriert und katalogisiert, examinieren sie die Produktionsmittel und -methoden. Sie messen die Temperatur vor, im und hinter dem Brühkopf, sie messen die Menge des Kaffeemehls und der Flüssigkeit in der Tasse, sie erforschen den Wasserdruck der zuführenden Wasserleitung sowie der hinzugefügten Pumpleistung, relativieren diese hinsichtlich des Pumpentyps (Vibrations- oder Rotationspumpe?) und definieren den Begriff der Brühzeit (ab Wasserentnahme und nicht erst ab Austritt des Kaffees!).

Dann schreitet der deutsche Mann zur Tat. Bis an die Zähne mit Wissen bewaffnet, betritt er das Fachgeschäft wie ein Westernheld den Saloon. Jetzt lässt er alle Welt wissen, dass er von Espresso mehr Ahnung hat als seinerzeit Jimi Hendrix von E-Gitarren. Der Azubi holt den Verkäufer, der

Verkäufer den Abteilungsleiter, der Abteilungsleiter den Geschäftsführer, und der ruft freudig erregt bei den Aktionären an. Denn alle wissen, jetzt investiert gleich wieder so ein Spinner ein Jahresgehalt in eine Espressomaschine, die von außen so aussieht, als käme sie direkt aus einem Museum für Industriedesign, deren Innenleben aber auch locker dazu in der Lage wäre, eine Raumkapsel millimetergenau auf der Umlaufbahn um einen Jupitermond zu halten. Die dazugehörige Kaffeemühle hat ein stufenlos und digital gradierbares Scheibenmahlwerk, das mit Hilfe ihres Präzisionsgetriebes Eiswürfel zu Elfenstaub verarbeiten könnte. Natürlich überlässt der deutsche Espressomann auch die Dosierung nicht dem Zufall, sondern bedient sich einer elektrischen Hightech-Waage. Die schlägt Alarm, sobald die Menge mehr als 0,05 Prozent vom wissenschaftlich ermittelten Idealwert abweicht. Das Andrücken des Kaffeemehls im Siebträger überlässt er natürlich auch nicht einfach seinem Gefühl. Gott bewahre! Espressokochen ist eine ernste Angelegenheit. Deshalb gibt es ja auch Hebelpressmaschinen, die nicht nur die Andruckrichtung, sondern auch die Presskraft Newton-genau im Griff haben.

Und, ihr Geschmackstechnokraten? Was darf ein Genießer von solch klinischer Perfektion erwarten? Alles, nur keine individuelle Note! Mir werden immer wieder solche Präzisionsespressi vorgesetzt, die geschmacklich so neutral und glatt gebügelt sind, dass mir das Lob zusammen mit der braunen Plörre im Hals stecken bleibt. Deren Köche kommen mir vor, als hätten sie ihr neues Hobby nur mit der Schrauberei unter dem Opel Manta eingetauscht. Sie missbrauchen ihre Gäste als Klaqueure, die ob der dicksten und steifsten Crema in Verzückung geraten sollen. Der Jubel erscheint Minuten später auf Facebook, wo der Hausherr mit den anderen Espresso-Pistoleros um den Titel des Ölschaumkönigs von Wanne-Eickel wetteifert.

Traurig schiebe ich mir eine Emser Pastille in den Rachen und denke an mein Erweckungserlebnis auf der Piazza Navona. Wer wird uns Deutschen endlich einmal klar machen, dass die Einbauküche in einer Doppelhaushälfte kein Venezianisches Kaffeehaus ist? Wann kapiert unsere profilierungssüchtige Vorstadtschickeria, dass mehrgruppige Gastronomiemaschinen in einem Privathaushalt ähnlich effektiv sind wie ein Montageroboter von VW in Onkel Willibalds Bastelkeller?
In italienischen Haushalten hat es sich herumgesprochen, dass eine Maschine, die auf 1.000 *Shots* täglich ausgelegt ist, bei normalfamiliären Konsumgewohnheiten ihre Potenziale nur suboptimal ausspielt. Deshalb erfreut sich dort auch nicht die legendäre FAEMA E 61 aus der schicken Bar um die Ecke der größten Beliebtheit, sondern die gemeine Espressokanne für den Kochherd. Und ganz ehrlich, auch ich gebe diesem primitiven Dampfkessel den Vorzug vor jedem Vollautoma-

ten, dessen Ausfluss mit Espresso nicht mehr zu tun hat als Kathreiner Malzkaffee. Auch andere Schaumschläger auf Schnäppchenniveau können mir gestohlen bleiben. Erst solche Maschinen, die ohne Tricksereien in einem schnörkellosen Siebträger einen gleichmäßigen Druck von neun Bar aufbauen, toppen das geschmackliche Ergebnis der druckvollen Blechkännchen.

An dieser Stelle, liebe Espressohelden, ist aber auch das Ende der häuslichen Fahnenstange erreicht. Mehr Technik geht einfach nicht, ohne dass der Schuss nach hinten losgeht. Gute Haushaltsmaschinen rücken den ätherischen Ölen im Kaffeepulver in völlig ausreichendem Maß zu Leibe, auch wenn unter Laborbedingungen ein paar Milligramm mehr zu erreichen sind. Was immer an Aromastoffen in eurer Röstung steckt, kann eine *macchina* einem „Peru“ oder „Haiti Komet“ entlocken. Man braucht dafür aber schon auch das richtige Händchen. Mit Gefühl und Erfahrung lassen sich Charaktercaffès zaubern, die den Gästen so auf der Zunge zergehen, dass ihnen dabei fast die Sinne schwinden. Hinter einer solchen kleinen Tasse stecken Mut und wahres Können – und keine kleinen Jungs, die sich hinter ihrem überdimensionierten Spielzeug verstecken.

Die beste Methode,
das Leben angenehm zu verbringen,
ist, guten Kaffee zu trinken.
Und wenn man keinen haben kann,
so soll man versuchen, so heiter und
gelassen zu sein, als hätte man
guten Kaffee getrunken.

Jonathan Swift

Zucker
Mehl

Kuchen-Rezept für Männer

von Anonym

1 Tasse Wasser
1 Tasse Zucker
4 große Eier
2 Tassen getrocknete Früchte
1 Teelöffel Backpulver
1 Teelöffel Salz
1 Tasse brauner Zucker
Saft einer Zitrone
Nüsse
1 Flasche schottischer Whisky

Öffnen Sie den Whisky und testen Sie seine Qualität.
Nehmen Sie eine große Schüssel. Versuchen Sie den Whisky erneut! Um sicher zu sein, dass es sich

um die beste Qualität handelt, füllen Sie eine Tasse randvoll und trinken Sie sie aus.

Werfen Sie anschließend den elektrischen Mixer an und schlagen Sie eine Tasse voll Butter in der Schüssel schaumig. Fügen Sie einen Teelöffel Zucker hinzu und schlagen Sie weiter.

Stellen Sie sicher, dass der Whisky noch immer gut ist – gönnen Sie sich eine weitere Tasse! Schalten Sie den Mixer aus. Werfen Sie 2 Eier in die Schüssel und schmeißen Sie die Tassen mit den getrockneten Früchten hinterher. Mixen Sie den Schalter wieder an. Falls Sie die gefrüchteten Trockene zu klebrig werden, lösen Sie sie mit einem Schraubendreher.

Schmecken Sie das Backpulver ab und prüfen Sie den Whisky auf seine Färbung zu checken! Als

Nächstes sieben Sie 2 Tassen Salz oder etwas ähnliches. Was soll's? Prüfen Sie den Whisky!

Nun hacken Sie den Zitronensaft klein und pressen Sie die Nüsse aus. Fügen Sie einen großen Löffel Rizinusöl hinzu und rühren Sie mit dem Zeigefinger kräftig durch.

Löffel vom Zucker oder so. Irgendeinen werden Sie doch in Ihrer Küche finden, verdammt noch mal!

Fetten Sie den Ofen ein. Drehen Sie die Kuchenform auf 350° C. Vergessen Sie nicht, den Schalter abzumixen. Schmeißen Sie die Schüssel aus dem Fenster. Trinken Sie den Rest Whisky und gehen Sie zu Bett.

Der internationale Feinschmecker

von Gerhard Polt

Ein Imbisswohnwagen, daneben ein Resopaltisch zum Stehverzehr. Rauch von altem Öl aus dem Inneren des Wagens. Zwei Herren nähern sich in angeregter Unterhaltung dem Imbissstand.

Herr I Skandinavien, gastronomisch eine Wüste, ich bitte Sie, Knäckebrot, Seelachs – äußerst einseitig. Was habens denn sonst da droben? Von Finnland möcht ich lieber ganz schweigen. Was diese armen Hunde zu sich nehmen müssen!

Herr II Aber vielleicht …

Herr I Ach, hören Sie mir doch auf damit! Spanien! Haben Sie mal a Paellia gessen?

Herr II Ja.

Herr I Na also, dann wissen Sie ja, was los is. Und dann diese Weine. Brrrr!! Entsetzlich. Ich meine, Italien, natürlich vielleicht gibts hie und da mal eine Lokalität, wo man speisen könnte, aber insgesamt betrachtet muss man auch Italien ad acta legen. Diese ewigen Teigwaren, ich kanns nimmer sehn. Auch gewürztechnisch is der Italiener doch infantil.

Die beiden sind am Wurststand angelangt.

Herr I Ach bitte, geben Sie mir ein Nierenschaschlik. Mit doppeltem Ketschap.

Herr II Mir ne Cörrywurst, bitte.

Herr I Auch hier in Deutschland, mein Gott, ein paar Schmankerln, aber sonst, die deutsche Küche ist ja praktisch tot. Das heißt, sie is ja gar nicht existent, eigentlich hat es sie ja noch nie gegeben.

Neue Fettwolke aus dem Imbisswagen. Die deutsche Gastronomie is ja ein Widerspruch in sich, verstehn Sie. Wissen Sie, ich habe mir angewöhnt, wenig zu essen, aber wenn, dann oh-lalá!

Herr II Geben Sie mir ne Fanta.

Herr I Ja, mir auch. Wissen Sie, eine Mahlzeit, KEIN Futter, das gibt es doch nur in Frankreich. Eventuell noch was Chinesisches, aber selbst das … *Winkt ab.* Ich sage nur: Bocuse, Häberlin, besser gesagt Aberlää, Winzigmann… Mmmh, diese Sorbets, diese Parfaits, haben Sie mal Cuisson au court bouillon gegessen, oder ein Vollaili des Bresse à la broche?

Herr II Sie meinen Brathuhn?

Herr I Ach! *Winkt unwillig ab.* Oder Poularde des Bresse truffée mère Brazier, paupiettes de veau undsoweiter und dazu einen 67er Sancère oder einen 64er Chablis. *Nimmt einen Schluck Fanta.* Zum Wild dann eher Bordeaux. Wissen Sie, hier ernährt man sich. Aber essen, richtig essen kann man nur in Frankreich. NUR in Frankreich! *Beißt in sein Nierenschaschlik, mit Kennermiene* Mmm, sehr gut.

Es ist ein schlechter Trost zu wissen, dass jemand, der uns ein schlechtes Mittagessen serviert oder eine mindere Weinsorte aufgewartet hat, ein völlig einwandfreies Privatleben führt. Auch Kardinaltugenden entschädigen nicht für eine kalte Suppe.

Oscar Wilde

Mänü

Drahthuhn

von Axel Hacke

Jeder kennt das: Man sitzt in einem Restaurant irgendwo im Ausland, möchte etwas essen, nimmt die Speisekarte zur Hand. Links sieht man die Speisen in der Landessprache verzeichnet, rechts in einer Sprache, bei deren Anblick man sich sagt: Kommt mir irgendwie bekannt vor. Sieht aus wie die Sprache, die ich selbst spreche, ist aber unverständlich. Mutet an wie Deutsch, ist aber kein Deutsch. Klingt jedoch, wenn man es leise vor sich hinmurmelt, schöner. Wie viele Leser haben mir schon von ihren Reisen reizendste deutsche Übersetzungen auswärtiger Speisekarten mitgebracht!

Da wäre Frau J. aus Stephanskirchen, die am Gardasee ein Gericht namens „Carpaccio von der Fischklinge“ *(Carpaccio di pesce spada)* entdeckte, ein weiteres unter dem Titel „Geschnittene Kälte des Pferdes“ *(Tagliata fredda di cavallo)*. Oder hier, Herr R. aus Berlin, er verzehrte in Harrachov/Tschechien eine „Rübezahl Nadel“, das war ein Fleischspieß. In Ungarn fand Frau G. aus Starnberg auf verschiedenen Speisekarten „Drahthuhn“, welches sich als „Truthahn“ entpuppte; auf Mallorca gab es „Huhnklumpen“, nämlich *Chicken McNuggets*. Frau W. aus Gronsdorf wurde auf einem Campingplatz bei Grosseto eine Speise mit der Bezeichnung „Du entgehst zum gitterrost“ angeboten, auf Italienisch waren das *Scampi alla griglia*. Dazu muss man wissen: *scampare* heißt „entgehen“, *scampi* bedeutet „du entgehst“ – wobei das Interessante ist, dass nicht erwähnt wird, *wem* „du“ (wer denn überhaupt?) entgehst, wohl aber *wohin*: *alla griglia*, zum Gitterrost, dem Schicksalsort so vieler Scampi. Kann man da wirklich von „entgehen“ reden, jedenfalls wenn „du“ ein Tiefseekrebs wärest? Man grübelt lange.

Zum Besten im Genre zählt die Nachricht von Herrn U. aus Falkensee, der in der polnischen Stadt Torun (zu deutsch: Thorn) ein Restaurant namens *Magyar Etterem Hungaria* besuchte, wobei *Hungaria* keineswegs „großer Appetit" bedeutet, sondern „Ungarn". Hier fand U. ein Gericht namens „Schweinefleisch Dänemark", eine Seite weiter sogar „Dänemark ohne Fleisch". U. hatte polnische Verwandte bei sich, die erklärten, das polnische *danie* bedeutet „Gericht", sein Plural sei *dania*, was „Dänemark" heiße. Also seien *dania z wieprzowiny* einerseits „Schweinefleischgerichte", andererseits „Schweinefleisch Dänemark". Und vegetarische Speisen („ohne Fleisch" also) sind „Dänemark ohne Fleisch".
U. schreibt: „Allein die Möglichkeit, als Deutscher in einem ungarischen Restaurant in Polen ‚Dänemark' bestellen zu können, begeistert mich. Solche Chancen verdanken wir der europäischen Einigung."

Und wenn auch die Türkei einmal der EU beiträte? Dann wäre unser Glück perfekt, denn hier kommt nun der absolute Höhepunkt des Themas, die Rezepte auf der einerseits türkischen, andererseits irgendwie deutschsprachigen Internetseite *turkiyeninrehberi.com*, auf die mich Herr K. aus Mittenwald hingewiesen hat. Dort wird (sehen Sie nach, wenn Sie es nicht glauben) unter anderem die Zubereitung so wunderbarer wie selten-seltsamer Speisen erläutert: KunstiErwürgt Salat, Schenkel der Frau Kofte, Feiger Fischteich, Hühnchen mit Gemüse stopften sich voll, Pilaf mit Leber und Wahnsinnigen, Aufregung Kebabim Auf und Ab Gebäck, Enträtselte Schweiß-Geback sowie, ist es denn die Möglichkeit!?: Atem mit Pilz.
Solche Gerichte sind, das wird jeder Verständige einsehen, nicht mit normalen Mitteln zuzubereiten. Wir finden daher im Rezeptteil Maßnahmen wie folgende:

„Hacken Sie die Rakete, bevor alle Zutaten mischen."
„Breiten Sie sich über den Salat gleichmäßig."
„Vermischen Sie sich mit Hackfleisch."
„Füllen Sie sich mit Mischung, Verständigen Sie sich in einem Kochtopf nebeneinander."
„Kochen Sie Die Salat-Blätter freundlich."
„Nehmen Sie den Halblamm-Hieb, biegen Sie es und Krawatte(Band) mit Seil, Platz in einem Brett."
„Verständigen Sie sich auf einem eingefetteten Backen-Betttuch."
„Mach Sie die feigen geistigen Leiste-Fähigkeiten hout Knochen, und teilen Sie sich in vier."
„Waschen Sie sich und Blutgeschwür in zwei Schalen des Wassers, bis sie ziemlich weich sind."
„Peitschen Sie den Käse."
„Zerquetschen Sie oder schleifen Sie die pistachio Wahnsinnigen."
„Falte-Ecken von Geback über Zentrum, leicht drückende Ecken, um auf Robbejagd zu gehen."

„Waschen Sie sich und trocknen Sie die Auberginen."

„5 Minuten vor dem Ende der kochenden Zeit, Fügen Sie die Erbsen und den schwarzen Pfeffer, Decke mit einer Serviette hinzu, *und reisen Sie nach 20 Minuten ab.*"

Falls Sie nach Ihrer Abreise noch kochen möchten, hier ein Komplettrezept, jenes für „Senf-Steak-Leiste" nämlich:

„Schmutzflocke der Knoblauch und Senf auf zur Leiste. Gestellt in zum Ofen dann Schmutzflocke brät das feine weiße Mehl auf Leiste es dann. Dienen Sie durch Senf-Wurst. Guter Apetite."

Ein geduldiger Mensch
kann sogar Steine weich
kochen und den Sud
genießen.

Von den Haussa (Westafrika)

Quellenverzeichnis

Thomas Göthel, Mit List zur Liste,
© beim Autor

Jess Jochimsen, Die Eltern sind schuld
© beim Autor, in anderer Form erschienen in:
Jess Jochimsen, Das Dosenmilch-Trauma.
Bekenntnisse eines 68er-Kindes, dtv

Wladimir Kaminer, Kottbusser Lamm,
© beim Autor

Thomas Göthel, Das Spiel ist das Ziel,
© beim Autor

Thomas Göthel, Die Drei-Teller-Suppe,
© beim Autor

Wir danken den Autoren und Verlagen für die freundliche Abdruckgenehmigung. Sollte es dem Verlag trotz intensiver Bemühungen nicht gelungen sein, die Inhaber der Textrechte zu ermitteln, bleiben berechtigte Honoraransprüche erhalten.